ACIS ET GALATÉE,

PASTORALE-HÉROIQUE,

REPRÉSENTÉE,

POUR LA PREMIERE FOIS,

PAR L'ACADEMIE-ROYALE

DE MUSIQUE

Le 16 Janvier 1686, reprise le 31 Mai 1704, le 3 Septembre 1709, le 18 Août 1718, le 13 Septembre 1725, le 9 Août 1734, le 18 Août 1744, le 6 Mai, 1752.

Et remise au Théâtre le Mardi 7 Septembre 1762.

PRIX XXX SOLS.

AUX DÉPENS DE L'ACADÉMIE.

A PARIS, Chés DE LORMEL, Imprimeur de ladite Académie, rue du Foin, à l'Image Sainte Genevieve.

On trouvera des Livres de Paroles à la Salle de l'Opera.

M. DCC. LXII.

AVEC APPROBATION ET PRIVILEGE DU ROI.

Le Poeme est de feu M. DE *CAMPISTRON.*

La Musique de feu M. DE *LULLI.*

ACTEURS CHANTANTS

DANS LES CHŒURS.

CÔTÉ DU ROI.		CÔTÉ DE LA REINE.	
Mesdemoiselles.	*Messieurs.*	*Mesdemoiselles.*	*Messieurs.*
La croix.	Le Page.	D'alliere.	S. Martin.
Durand.	Delvaux.	Masson.	Albert.
Fontenet.	Chicot.	Salaville.	L'Écuyer.
Delor.	Scelle.	Lachantrie.	Tourcaty.
Roublot.	Rose.	Villanfin.	Cailteau.
Guilleaume.	Robin.	Adélaïde.	Chappotin.
Duplant.	Antheaume.	Marin.	Favier.
Desrosieres.	Contour.	Chenays.	Feret.
Héry.	Dupar.		Du Perrier.
			Boy.
			Laurent.

ACTEURS CHANTANTS.

ACIS, *Berger, amant de* GALATÉE, Mr. Pillot.

GALATÉE, *Nimphe de la Mer, fille de* NÉRÉE *&* *de* DORIS, Mlle. Chevalier.

POLIPHÈME, *Géant, fils de* NEPTUNE, *& amant de* GALATÉE, Mr. Gélin.

SUITE DE POLIPHÈME.

TIRCIS, *Berger, amant d'*AMINTE, Mr. Muguet.

AMINTE, *Bergere,* Mlle. Rivier.

CHŒUR *de* BERGERS *& de* BERGERES.

LE GRAND-PRÊTRE *de* JUNON, Mr. Muguet.

SUITE DU GRAND-PRÊTRE.

NEPTUNE, Mr. Desentis.

SUITE DE NEPTUNE.

UNE NAIADE, Mlle. Rivier.

CHŒUR *de* DIEUX MARINS, *de* FLEUVES *& de* NAIADES.

PERSONNAGES DANSANTS.

ACTE PREMIER.

BERGERS & BERGERES.

Mr. VESTRIS, Mlle. VESTRIS.

Mr. D'AUBERVAL, Mlle. PESLIN,
Mr. GROSSET.

Mrs. Cezeron, Dubois, Hamoche, c., Simonet, Bianqui, Dossion.

Mlles. Basse, Bocard, l., Cornu, Villette, Darcy, Lahaie.

ACTE SECOND.

SUITE DE POLIPHÈME.

Mrs. LAVAL, GARDEL, D'AUBERVAL, GROSSET.

Mrs. Lelievre, Hyacinte, Trupty, Hamoche, l., Leger, Rogier, c., Riviere, Compioni

ACTE TROISIEME.

SUITE DE NEPTUNE.

M^r^. VESTRIS.

Mlle. ALLARD.

M^r^. D'AUBERVAL, Mlle. GUIMARD.

M^rs^. Béate, Trupty, Leger, Cezeron, Dubois, Hamoche, c., Simonet, Dossion

Mlles. Demiré, Rey, Saron, S^t^. Martin, Siane, Petitot, Buard, Daché.

ACIS ET GALATÉE,

PASTORALE-HÉROÏQUE.

ACTE PREMIER.

Le Théâtre repréſente le rivage de la mer de Sicile, dans l'endroit le plus agréable de l'Ile.

SCENE PREMIERE.

ACIS, ſeul.

C'EST envain qu'en ces lieux j'ai devancé l'aurore,
Hélas! je n'y vois point la beauté que j'adore;
La mer, qui la cache à mes yeux,
Se plaît à renfermer ce tréſor précïeux.

Je fais par-tout voler le nom de Galatée,
Je le répéte mille fois ;
Je l'apprends aux échos, aux oiseaux de ces bois :
Loin de moi cependant, trop longtems arrêtée,
Seule elle semble ici méconnoître ma voix.

Faudra-t-il encor vous attendre,
Fiere beauté, qui régnés dans mon cœur ?
Venés par un regard soulager ma langueur ;
Songés que d'un moment mes jours peuvent dépendre.
Mes cris ne sauroient vous toucher !
Si le récit de ma peine,
Si ma mort, presque certaine,
Du fond des flots ne peut vous arracher,
Venés jouïr du-moins sur ce rivage
De tout ce que la terre a de charmants appas.
Les fleurs y naîtront sous vos pas ;
Jamais leur riche émail n'éclata davantage.

Vous ne paroissés point ! Qui peut vous retenir ?
Peut-être quelque dieu de la cour de Neptune
Cause-t-il seul mon infortune ?
Ah ! ce seroit trop me punir,
Dieux ! .. Mais mon trouble cèsse, & je la vois venir.

(*GALATÉE sort de la mer.*)

SCENE

SCENE II.

ACIS, GALATÉE.

GALATÉE.

J'Ai cru trouver ici la Nimphe qui m'eſt chere ;
Je vais lui reprocher ſon peu d'emprèſſement.

ACIS.

Sans cette Nimphe, hélas ! ce rivage charmant
N'a-t-il rien qui puiſſe vous plaire ?

GALATÉE.

Je ſuis ſenſible aux charmes de ces lieux ;
Mais ma joie eût été plus grande,
Si ce rivage eût offert à mes yeux
La Nimphe que je demande.

ACIS.

Ah ! ſi vous connoiſſés par la ſeule amitié
Les ennuis que l'abſence cauſe,
N'aurés-vous point quelque pitié
Des tourments où l'amour m'expôſe ?

GALATÉE.

Finiſſés ce diſcours : ne pouvés-vous parler
Que de votre tendreſſe ?

ACIS.

Hélas ! un ſeul moment peut-on diſſimuler
Des peines qu'on ſouffre ſans-cèſſe ?
Pourquoi me voulés-vous forcer à vous céler
La douleur qui me prèſſe ?
Cherchés-vous à la redoubler ?

GALATÉE.

A regret je vous entends plaindre
D'un mal, que je ne puis guérir :
Étouffés un amour qui vous fait trop ſouffrir,
Vous n'aurés plus à vous contraindre.

ACIS.

Ah ! vous me haïſſés, je n'en ſaurois douter ;
Par cet ordre cruël votre haîne s'explique.

GALATÉE.

Suſpendés vos regrèts, pour me laiſſer goûter
L'heureuſe paix de ce ſéjour ruſtique.
J'y viens avec plaiſir, tout y charme mes yeux ;
J'y vois les champs parés de mille fleurs que j'aime :
Enfin le doux penchant qui m'attire en ces lieux,
L'emporte ſur l'horreur extrême
D'y rencontrer un Géant odieux.

(On entend une ſimphonie.)

GALATÉE.

Mais quels concerts ſe font entendre ?
Quelle troupe paroît, & s'approche de nous ?

ACIS.

Ce ſont des cœurs unis par l'amour le plus tendre,
Des cœurs libres de ſoins & de ſoupçons jaloux :
Tous leurs jours ſont charmants, tous leurs moments ſont doux :
Écoutés leurs chanſons, & vous pourrés apprendre
Si leurs plaiſirs n'ont rien d'agréable pour vous.

SCENE III.

ACIS, GALATÉE, AMINTE, TIRCIS;
Troupe de BERGERS *&* *de* BERGERES.

TIRCIS & AMINTE.

QUe l'amour, qui nous enchaîne,
Flate nos tendres desirs!

CHŒUR.

Goûtons les plus doux plaisirs,
Ils viennent s'offrir sans peine;
Et, pour payer nos soûpirs,
Chaque jour nous les ramene.

AMINTE.

Former les mêmes desirs,
Vivre l'un pour l'autre,
Sentir de nouveaux plaisirs,
Voilà quel sort est le nôtre.

TIRCIS.

L'Amour dans ces beaux lieux nous a tous rassemblés;
Célébrons les faveurs dont il nous a comblés.

LE CHŒUR.

L'Amour dans ces beaux lieux, &c.

On danse.

AMINTE.

Que les plus galantes fêtes
Parmi nous soient toûjours prêtes :
Qu'au bruit de nos chansons la plus fiere beauté
Ne puisse, un seul moment, garder sa liberté.

LE CHŒUR.

Que les plus galantes fêtes, &c.

On danse.

AMINTE & le CHŒUR.

Ici chacun s'engage,
Pour ne jamais changer;
Point de beauté volage
Ni d'indiscret berger :
L'amant le plus sincere
Y sait le mieux charmer :
Notre gloire est de plaire;
Notre plaisir d'aimer.

On danse.

(*Les Concerts des bergers sont interrompus par une simphonie.*)

GALATÉE.

Le fier Poliphème s'avance,
Bergers, éloignés-vous :
C'est assés de sa présence
Pour changer en chagrins vos plaisirs les plus doux.

SCENE IV.

POLIPHÈME, seul.

JE regarde par-tout, & ma recherche est vaine;
Ces nimphes, ces bergers que sont-ils devenus ?
Se peut-il qu'en ces lieux je ne les trouve plus ?
Le soin de m'éviter dans ces bois les entraîne ;
Où prétendent-ils se cacher ?
Connoîssent-ils bien Poliphème ?
Est-il quelque antre affreux où ma fureur extrême
Ne les aille chercher ?
Allons, courons punir leur fuite !

Mais je vois Galatée, & mon âme interdite
Perd toute sa fureur ;
Je me sens agité de trouble & de terreur.

SCENE V.

POLIPHÈME, GALATÉE.

POLIPHÈME.

QUe tardons-nous ? parlons de l'ardeur qui
m'anime ;
Eſt-ce à moi de trembler ?
Si d'un cruël amour je deviens la victime,
Qui pourroit me contraindre à le diſſimuler ?

Vous voyés, charmante Déêſſe,
Un amant, que vos yeux ont ſoûmis à vos loix ;
J'ignorois le pouvoir de ce dieu qui me bleſſe,
Je l'éprouve aujourd'hui, pour la premiere fois.

GALATÉE.

Que dites-vous ? puis-je vous croire ?
Je vous fais connoître l'amour !

POLIPHÈME.

Peut-être, avant la fin du jour,
Vous applaudirés-vous d'une telle victoire.

Tout ce que vous voyés reconnoît mon pouvoir ;
Le Dieu des eaux m'a donné la naiſſance :
Si vous y conſentés, je puis vous faire voir
Mes richeſſes & ma puiſſance.

Je veux que tous les cœurs qui vivent ſous ma loi
Viennent vous rendre hommage ;
Leur zele parlera pour moi.
Aprouvés-vous ces ſoins où mon amour m'engage?

GALATÉE.

Je ne condamne point ce deſſein généreux.

POLIPHÈME.

Je ſuis au comble de mes vœux !
Je vais tout préparer pour cette grande fête :
Vous connoîtrés bientôt quelle eſt votre conquête.

GALATÉE, ſeule.

Enfin j'ai calmé ſa fureur ;
Des cœurs qu'il a troublés diſſipons la terreur.

FIN DU PREMIER ACTE.

ACTE

ACTE SECOND.

Le Théâtre repréſente une Forêt.

SCENE PREMIERE.

ACIS, GALATÉE.

ACIS,

QUOI! vous avés promis d'aſſiſter à la fête
Que Poliphème vous aprête?
Les ſoins de ce barbare ont pu vous attendrir?
Dans ſes projèts votre bonté le flate!
C'en eſt donc fait, ingrate!
Vous me condamnés à mourir.

GALATÉE.

Quel reproche ôſés-vous me faire !

ACIS.

Non, non, je ne puis plus me taire ;
Attendés-vous de voir
Les plus ſanglants effèts d'un mortel déſeſpoir.

GALATÉE.

Quoi ! que voulés-vous entreprendre ?

ACIS.

Pourquoi cherchés-vous à l'apprendre ?
Si vous ne m'aimés pas,
Que vous peut importer ma vie ou mon trépas ?

GALATÉE.

Sans que pour vous l'amour me ſollicite,
Je puis ſouhaiter d'être inſtruite
De vos deſſeins ſecrèts.

ACIS.

Eh bien, apprenés donc que ma mort eſt certaine :
Vous ne jouïrés plus de mes tendres regrèts ;
En terminant mes jours, je finirai ma peine.
Je braverai le Géant furieux,
Qui me ravit tout ce que j'aime ;
J'irai troubler ſes jeux, & l'attaquer lui-même ;
Content de ſuccomber ſous ſa fureur extrême,
Et de verſer tout mon ſang à vos yeux.

Écoutés mes triſtes adieux;
Je vous laiſſe, je pars, je cours à mon ſupplice;
Ce n'eſt que pour la mort que je forme des vœux:
Agréés ſeulement ce dernier ſacrifice
D'un cœur, toûjours fidele, & toûjours malheureux.

GALATÉE.

Il me quitte; arrêtés, Acis! je vous l'ordonne;
Je ne puis ſoûtenir le trouble où je vous voi:
Contre un ſi tendre amour ma fierté m'abandonne,
Et ma foible raiſon ne répond plus de moi.

ACIS.

Qu'entends-je! votre cœur dans mon ſort s'intéreſſe?

GALATÉE.

Vous n'avés point perdu vos ſoins;
Je vous ai fait voir ma foibleſſe,
Vos yeux en ont été de fideles témoins.
Joüiſſés de mon trouble & de votre victoire,
Je ne veux point vous en ravir la gloire;
Connoiſſés le bonheur qui vous eſt préparé;
Je l'ai rendu plus doux quand je l'ai différé.

ACIS.

Mais puiſque vous vouliés couronner ma tendreſſe,
Falloit-il du Ciclope approuver les deſirs?

GALATÉE.

Je craignois pour vos jours ſa fureur vengereſſe;
Je voulois à ſes yeux dérober nos ſoûpirs
Par une agréable promeſſe.

ACIS.

Immortels habitants des cieux,
Dans les transports de mon âme ravie,
Je puis regarder sans envie
Votre sort glorieux.

Aimer, d'un doux succès voir sa flâme suivie,
N'est-ce pas un plaisir réservé pour les Dieux?

Quand j'ai la gloire de vous plaire,
Ne pouvés-vous assûrer mon bonheur?
Après le don de votre cœur,
Aurai-je encor des vœux à faire?

GALATÉÉ.

Je puis donner ma foi par l'aveu de mon pere,
Je l'ai sur votre amour dès longtems pressenti;
A vos desirs Nérée a consenti.

Le temple de Junon nous offre un sûr asile;
Nous y serons en liberté:

Il est bâti dans l'endroit de cette Ile
Le plus inaccessible & le moins fréquenté;
Allés y préparer l'encens & les victimes
Dignes d'y consacrer nos ardeurs légitimes:
J'aurai soin de m'y rendre avant la fin du jour;
J'y conduirai l'Himénée & l'Amour.

SCENE II.

GALATÉE, seule.

QU'une injuſte fierté nous cauſe de contrainte,
Et tiraniſe nos deſirs !

Tandis qu'à mon amant j'ai caché mes ſoûpirs,
J'ai ſouffert mille maux dans cette longue feinte;
A-peine mon amour s'eſt expliqué ſans crainte,
Que j'ai ſenti mille plaiſirs.

Qu'une injuſte fierté nous cauſe de contrainte,
Et tiraniſe nos deſirs !

Doux tranſports d'une âme contente,
Que vous êtes charmants !

Mais je vois le Ciclope, il prévient mon attente;
Contraignons-nous quelques moments.

SCENE III.

GALATÉE, POLIPHÈME.

Suite de POLIPHÈME.

POLIPHÉME.

QU'à-l'envi chacun s'emprèſſe
De me ſuivre dans ces lieux;
Pour un cœur que l'amour bleſſe
Les moments ſont précïeux;
Préparés à ma Déèſſe
Un trïomphe glorïeux.
Hâtés-vous: il faut ſans-cèſſe
Rendre hommage à ſes beaux yeux.

Qu'à-l'envi chacun s'emprèſſe
De me ſuivre dans ces lieux.

LE CHŒUR.

Qu'à-l'envi chacun s'emprèſſe
De vous ſuivre dans ces lieux, &c.

On danſe.

POLIPHÉME.

Connois, puiſſant Amour, ta derniere victoire;
Ce trïomphe ſuffit pour te combler de gloire:
Tu ranges ſous tes loix un cœur audacïeux,
Qui mépriſe la foudre & brave tous les Dieux.

LE CHŒUR.

O vous, adorable Immortelle,
Écoutés favorablement
Les vœux de votre amant:
Vous ne ferés jamais de conquête si belle.
Plus un cœur est loin d'aimer,
Plus il est beau de l'enflâmer.

On danse.

POLIPHÉME.

Je suis content de votre zele,
A mes yeux vos transports ont assés éclaté;
Voyons s'ils ont su plaire à ma Divinité:
Qu'on me laisse seul avec elle.

SCENE IV.

POLIPHÈME, GALATÉE.

POLIPHÉME.

CHaque moment irrite & redouble mes feux,
Je ne puis plus souffrir l'ardeur qui me dévore;
Hâtés-vous de me rendre heureux:
Voulés-vous accâbler un cœur qui vous adore?

GALATÉE.

Le ſeul Nerée a droit de diſpôſer de moi;
Jamais à ſes deſirs mon cœur ne fut contraire:
Peut-on, ſans ſon aveu, me demander ma foi?
Allés: &, pour l'himen que votre amour eſpere,
Mérités le choix de mon pere.

POLIPHÉME.

Oui, j'obtiendrai l'aveu charmant
Qui ſeul peut aſſûrer le repôs de ma vie;
Ma demande ſera ſuivie
D'un promt conſentement.

Pour hâter mon bonheur, je vais tout entreprendre;
Votre pere connoît ma force & mon pouvoir;
Et ſait trop ce qu'on doit attendre
D'un amant, tel que moi, réduit au déſeſpoir.

FIN DU SECOND ACTE.

ACTE TROISIEME.

Le Théâtre repréſente un lieu arride & deſert ; il eſt bordé par des montagnes, dont la principale eſt le mont Æthna : on voit à côté un petit temple conſacré à JUNON *: la Mer paroît dans l'éloignement.*

SCENE PREMIERE.

LE PRÊTRE DE JUNON,

ET SA SUITE.

LE PRÊTRE DE JUNON.

VOUS, qui dans ces lieux ſolitaires
Célébrés, avec moi, Junon & ſes miſteres,
Miniſtres de ſon temple, & favoris des cieux,
Qui faites vos plaiſirs du ſervice des Dieux,

Préparés les fleurs les plus belles
Et l'encens le plus précieux;
Vous verrés bientôt en ces lieux
Arriver deux amants fideles;
Ils font dignes des foins que vous prendrés pour eux:
L'Himenée & l'Amour veulent qu'ils foient heureux.

LE CHŒUR.

Puiffent-ils près de nous trouver un fûr afile!
Daigne le jufte ciel favorifer leurs vœux!
Puiffent-ils voir croître leurs feux
Dans un himen doux & tranquille.

SCENE II.

ACIS, GALATÉE, LE PRÊTRE, ET SA *SUITE*.

LE PRÊTRE.

LEs voici, ces tendres amants;
Dans leur impatïence ils comptent les moments.
Avançons vers le temple; &, par un ſacrifice,
Intéreſſons Junon à leur être propice.

SCENE III

ACIS, GALATÉE, LE PRÊTRE, ET SA *SUITE*.

POLIPHÉME, ſur le haut d'un rocher.

POLIPHÉME.

QUe vois-je? quel objet pour un amant jaloux!
L'ingrate Galatée, & le berger qu'elle aime!
Tu mourras téméraire! & Jupiter, lui-même;
Ne ſauroit dérober ta tête à mon couroux.

LE CHŒUR.

Le Ciclope menace! o Ciel protege-nous!
Sers-toi, pour nous ſauver, de ton pouvoir ſuprême.

SCENE IV.

ACIS, GALATÉE.

GALATÉE.

FUyons la vïolence extrême,
Heureux de pouvoir l'éviter !

ACIS.

Vous me quittés ? hélas ! n'ôsés-vous arrêter ?

GALATÉE.

Fuyés, Acis, s'il est possible ;
Ou votre perte est infaillible.

ACIS.

Mourant pour vos beaux yeux, je ne crains point la mort :
Où puis-je la trouver belle ?
Dois-je enfin me plaindre du sort,
Si je meurs heureux & fidele ?

SCENE V.

POLIPHÉME, seul.

QUel chemin ont-ils pris, ces amants trop heureux ?
Sans-doute Jupiter s'intéresse pour eux.
Qu'il se montre, ce Dieu que l'univers révere,
C'est un objet digne de ma colere;
Je l'attends ! Mais il craint de paroître à mes yeux,
Et croit braver ma rage, enfermé dans les cieux.
J'y monterai, malgré l'effort de son tonnerre;
J'entâsserai ces monts, pour aller jusqu'à lui;
Et ferai plus trembler tout l'Olimpe aujourd'hui
Que ne firent jadis les enfants de la Terre !

Mais commençons d'éxercer mon couroux
Sur un rival que je déteste;
Qu'il soit anéanti par un seul de mes coups;
Que sa mort soit enfin si triste, & si funeste,
Que de tout son bonheur je ne sois plus jaloux !

SCENE VI.

ACIS, GALATÉE, POLIPHÈME.

GALATÉE.

ALlés, éloignés-vous; faut-il vous le redire?

(*GALATÉE se plonge dans la mer.*)

ACIS.

Vous me fuyés! par où l'ai-je donc mérité?

POLIPHÈME.

Traître, reçois le prix de ta témérité!

(*POLIPHÈME écrase ACIS avec un rocher.*)

ACIS.

Déésse, c'en est fait, je vous perds; & j'expire.

SCENE VII.

POLIPHÈME, seul.

IL eſt mort l'inſolent, j'ai trompé ſon attente;
Je ſuis content, puiſque je ſuis vengé:
Ah, quel plaiſir pour un cœur outragé
Qu'une vengeance ſanglante !

Et toi, Déèſſe perfide,
Pleure l'indigne amant que tu m'as préféré :
Ma tendreſſe a fait place au tranſport qui me guide;
J'ai repouſſé les traits dont j'étois pénétré.

Publïons par-tout ma victoire,
Elle aſſûre à la fois mon repôs & ma gloire;
J'immole dans le même jour
Mon rival & mon amour.

SCENE VIII.

GALATÉE, *seule & sortant de la mer.*

ENfin j'ai dissipé la crainte
Qui m'arrêtoit au fond des flots :
Je vois régner ici le calme & le repos,
Ma flâme désormais ne sera plus contrainte.
Cherchons seulement
Le berger charmant
Que mon cœur adore :
Hélas ! il ne vient point encore.

Acis, mon cher Acis ! en quels lieux êtes-vous ?
Revenés près de moi, tout est ici tranquille ;
Vous n'avés plus besoin d'asile
Contre un injuste couroux.

Quoi ! tu ne réponds point à ma voix qui t'apelle ?
Je commence à sentir une peine mortelle
De ton éloignement :
Acis, mon cher Acis ! dois-tu perdre un moment ?

Mais quelle terreur secrete
M'allarme & m'inquïete ?

Quelle

Quelle image, grands dieux, vient frapper mon eſprit!
Je tremble... Quel objet à mes yeux ſe préſente!
Les rochers renverſés & la terre ſanglante
M'aſſûrent le malheur que mon cœur m'a prédit.

Que ne puis-je expirer après ce coup funeſte!
Mon amour à-jamais fera couler mes pleurs.
Heureux mortels! dans de pareils malheurs
L'eſpoir de la mort vous reſte.

Fût-il jamais un deſtin plus affreux?
Quel cœur a reſſenti la douleur qui me prêſſe?
Je perds l'objet de ma tendreſſe,
Quand nous ſommes près d'être heureux!

Faut-il encor, pour croître mon ſupplice,
Que de ſa mort je ſois complice?
J'ai pu l'abandonner dans ce prêſſant danger,
Quand ſon amour feſoit éclater ſon courage!
Ah! je ne puis y ſonger,
Sans frémir de honte & de rage!
Songeons du-moins à le venger.

Pourſuivons le Géant, invoquons les Furies;
Qu'il ne puiſſe trouver d'aſile ni d'appui:
Qu'elles éxercent ſur lui
Toutes leurs barbaries!

Mais ce cruël châtiment
Me rendra-t-il mon amant?
Pour soulager ma peine extrême,
Il faut me rendre ce que j'aime.

SCENE IX.

NEPTUNE, *sortant de la mer*, GALATÉE.

NEPTUNE.

JE sors de mes grotes profondes,
Tes cris ont pénétré jusques au fond des ondes:
Tes maux, par mon secours, seront bientôt finis;
Je viens pour réparer le crime de mon fils.

Vous, que la loi du Sort soûmet à ma puissance,
Dieux, qui suivés ma cour,
Paroissés sur les eaux, honorés ce grand jour
De votre auguste présence.

SCENE X.

NEPTUNE, GALATÉE,

DIVINITÉS de la mer, FLEUVES & NAIADES.

CHŒUR DE DIVINITÉS.

NOus accourons au ſeul bruit de ta voix;
Notre plus doux plaiſir eſt de ſuivre tes loix.

NEPTUNE.

Ma fille, le Deſtin répond à ta priere.
Vivés, Acis, vivés; revoyés la lumiere;
Mais vivés déſormais,
Pour ne mourir jamais.

LE CHŒUR.

Acis, vivés déſormais,
Pour ne mourir jamais.

NEPTUNE.

Que votre ſang ſe change, & devienne une eau pure,
Dont l'agréable murmure
Faſſe naître dans tous les cœurs
D'innocentes ardeurs.

SCENE DERNIERE.

NEPTUNE, ACIS, *changé en Fleuve*, GALATÉE, *les Divinités de la Mer, Fleuves, Naiades.*

GALATÉE.

CHer Acis!

ACIS.

Galatée!

ACIS & GALATÉE.

Il m'eſt permis encore
De revoir ce que j'adore.

NEPTUNE.

Jouïſſés des biens éternels
Qui ſont faits pour les Immortels.
Vous, Fleuves amoureux, vous Naiades charmantes,
Venés de ces amants redoubler les plaiſirs;
Venés animer leur deſirs
Par les chanſons les plus touchantes.

On danſe.

UNE *NAIADE.*

Sous ſes loix l'Amour veut qu'on jouïſſe
D'un bonheur qui jamais ne finiſſe ;
Tendres cœurs, venés-tous
En jouïr avec nous.

CHŒUR DE NAIADES.

Vous, qui croyés l'amour une foibleſſe,
Ne venés point troubler notre innocente paix :
Ce n'eſt point pour des cœurs ſans tendreſſe
Que nos chants amoureux & nos plaiſirs ſont faits.

LA NAIADE & LE CHŒUR.

Tendres cœurs, conſervés l'eſpérance,
C'eſt envain qu'on vous fait réſiſtance ;
Qu'on s'arme de rigueur, de haîne & de couroux;
Que ne vaincrés-vous point, ſi l'Amour eſt pour vous ?

LE CHŒUR.

Sous ſes loix l'Amour veut qu'on jouïſſe
D'un bonheur qui jamais ne finiſſe :
Tendres cœurs, venés-tous
En jouïr avec nous.

Un Divertiſſement général termine la Paſtorale.

FIN.

APPROBATION.

J'Ai lu, par ordre de Monseigneur le Chancelier, une réimpression d'*Acis & Galatée, Pastorale-heroïque*. A Versailles ce 30 Juillet 1762.

DEMONCRIF.

PRIVILEGE DU ROI.

LOUIS par la grace de Dieu, Roi de France & de Navarre : A nos amés & feaux Conseillers, les Gens tenans nos Cours de Parlemens, Maîtres des Requêtes ordinaires de nôtre Hôtel, Grand'Conseil, Prevôt de Paris, Baillifs, Sénéchaux, leurs Lieutenans Civils, & autres nos Justiciers qu'il appartiendra, Salut. Nôtre très-cher & bien amé le Sieur LOUIS-ARMAND-EUGENE DE THURET, cy-devant Capitaine au Regimen de Picardie ; Nous a fait représenter que, par Arrest de nôtre Conseil du 30 May 1733. Nous avons revoqué le Privilege qui avoit été accordé au Sieur le Comte & ses Associez, pour raison de l'Académie Royale de Musique, ses circonstances & dépendances, & rétabli ledit Privilege en faveur dudit Sieur Exposant, pour en joüir par lui, ses Associez, Cessionnaires & ayans-cause, aux charges & conditions portées par ledit Arrest, pendant le temps & espace de vingt-neuf années, à compter du premier Avril de ladite année 1733, & que pour l'exploitation dudit Privilege, ledit Sieur Exposant se trouve obligé de faire imprimer & graver les Paroles & la Musique des Opera qui doivent être représentés ; mais que pour cet effet il a besoin de notre Permission & des Lettres qu'il Nous a très-humblement fait supplier de lui accorder. A CES CAUSES, Voulant favorablement traiter ledit Exposant : Nous lui avons permis & permettons par ces Presentes, de faire imprimer & graver *les Paroles & Musique des Opera, Ballets & Fêtes qui ont été ou qui seront représentés par l'Academie Royale de Musique, tant séparément que conjointement*, en tels Volumes, forme, marge, caractere, & autant de fois que bon lui semblera, & de les faire vendre & débiter par tout notre Royaume ; pendant le temps de vingt-neuf années consécutives à compter du jour de la datte desdites Présentes. Faisons défenses à toutes personnes de quelque qualité & condition qu'elles soient d'en introduire d'Impression ou Gravures Etrangeres dans aucun lieu de notre obéissance ; Comme aussi à tous Imprimeurs, Libraires, Graveurs, Imprimeurs, Marchands en Taille Douce, & autres, de graver, ni faire graver, d'imprimer, ou faire imprimer, vendre, faire vendre, débiter ni contrefaire lesdites Impressions, Planches & Figures de Paroles, de Musique des Opera, Ballets & Fêtes, qui ont été ou qui seront représentez par ladite Académie Royale de Musique, tant séparément que conjointement, en tout ni en partie, sans la permission expresse & par écrit dudit Sieur Exposant, ou de ceux qui auront droit de lui, à peine de confiscation tant des Planches & Figures que des Exemplaires contrefaits, & des Ustensiles qui auront servi à ladite contrefaçon, que Nous entendons être saisis en quelque lieu qu'ils soient trouvez, de dix mille livres d'amende contre chacun des Contrevenans, dont un ti[illegible] tiers à l'Hôtel-Dieu de Paris, l'autre tiers audit Sieur Exposant, & de [illegible] dépens, dommages & interests, à la charge que ces Présentes seront enregistrées tou[illegible] long sur le Registre de la Communauté des Libraires & Imprimeurs de Paris, dans trois mois de la datte d'icelles; que la Gravure & Impression desdites Paroles & Opera sera faite dans notre Royaume & non ailleurs, en bon papier & beaux caracteres, conformément aux Reglemens de la Librairie, & notamment à celui du dix Avril 1725. & qu'avant de l'exposer en vente, les Manuscrits gravés ou imprimés seront remis dans le même état où l'Approbation y aura été donnée ès mains de notre très-cher & féal Chevalier Garde des Sceaux de France, le Sr Chauvelin; qu'il en sera remis deux Exemplaires de chacun dans notre Bibliotheque publique, un dans celle de notre Château du Louvre, & un dans celle de notre très-cher & féal Chevalier Garde des Sceaux de France le Sr Chauvelin. Le tout à peine de nullité des Présentes; Du contenu desquelles Vous mandons & enjoignons de faire jouir ledit Sieur Exposant, ou ses Ayans-cause, pleinement & paisiblement sans souffrir qu'il leur soit fait aucun trouble ou empêchement. Voulons que la Copie desdites Présentes, qui sera imprimée tout au long au commencement ou à la fin dudit Ouvrage, soit tenue pour dûement signifiée, & qu'aux Copies collationnées par l'un de nos amés & féaux Conseillers & Sécretaires, foy soit ajoûtée comme à l'Original. Commandons au premier notre Huissier ou Sergent, de faire pour l'execution d'icelles tous Actes requis & nécessaires, sans demander autre permission, & nonobstant Clameur de Haro, Chartre Normande, & Lettres à ce contraires. CAR tel est notre plaisir. DONNÉ à Fontainebleau, le douziéme jour du mois de Novembre, l'An de Grace mil sept cent trente-quatre, & de notre Régne le vingtiéme: *Et plus bas*, Par le Roy en son Conseil. *Signé* SAINSON, avec paraphe.

Registré sur le Registre VIII. de la Chambre Royale des Libraires & Imprimeurs de Paris, N°. 797. fol. 779. conformément aux anciens Réglemens, confirmés par celui du 28 Février 1723. A Paris le 23 Novembre 1734.

G. MARTIN, *Syndic.*